Ortenau

Weinreise
durch Baden-Württemberg
mit *Natalie Lumpp*

Natalie Lumpp

Ortenau

*Weine aus dem
Herzen Badens*

DRW-Verlag

BILDNACHWEIS

Umschlagmotiv: Faber & Partner, Düsseldorf
Frontispiz: WG Durbach

Baden-Baden Kur & Tourismus GmbH: 15, 24, 25
Dieter Buck, Stuttgart: 26/27, 44/45, 68/69
Faber & Partner, Düsseldorf: 26, 68
Fritz Frech, Offenburg: 6
Stadtmarketing Offenburg: 38, 39
Schwarzwälder Freilichtmuseum Vogtsbauernhof, Gutach/Schwarz-
    waldbahn: 54, 55
Dr. Simon Kommunikation: 12, 14/15, 22/23, 28/29, 31, 32/33, 36/37,
    48, 50, 57, 60, 68
Straußenfarm Mhou: 16, 17
Tourist-Information Kappelrodeck: 30/31, 34/35, 64
Verkehrsverein Durbach e.V. (Fotos: Peter Jülg): 48/49, 50/51, 60/61,
    62/63, 64/65

Alle übrigen Bildvorlagen stammen aus den Archiven der Weingüter
und Genossenschaften.

ISBN 3-87181-487-3

© 2003 by DRW-Verlag Weinbrenner GmbH & Co., Leinfelden-Echterdingen

Produktion: Verlagsbüro Wais & Partner, Stuttgart
Gestaltung: Rainer Maucher, Stuttgart
Karte: Bernd Matthes, Berlin
Reproduktion: Digital Data Service Lenhard, Stuttgart
Gesamtherstellung: Karl Weinbrenner & Söhne GmbH & Co.,
Leinfelden-Echterdingen

Verlags-Bestellnummer: 487

Zum Geleit

Wer in Baden-Württemberg an Wein denkt, der denkt auch an geselliges Beisammensein. Naturverbundenheit und die süddeutsche Lebensart spiegeln sich auch in Küche und Keller wider und prägen die hier lebenden Menschen. Bei einem Besuch in unserem Land können Sie spüren, was baden-württembergische Gastfreundschaft heißt.

Der Weinbau in Baden-Württemberg hat Tradition. Er steht für Qualität und Güte. Nicht umsonst sagt ein altes und heute selbstverständlich nicht mehr ganz gültiges Sprichwort: „Wir verkaufen alles – nur unseren Wein, den trinken wir selbst".

Und tatsächlich teilen die Baden-Württemberger ihren Wein heute gerne mit Gästen aus nah und fern. Viele Lagen in unserem Land sind bekannt für ihre edlen Tropfen. Der Wein ist Kulturgut und ein wichtiges Wirtschaftsgut.

Im Zentrum des Weinlandes Baden liegt die Ortenau. Besonders die zahlreichen Sonnentage lassen hier kräftige und geschmackvolle Trauben wachsen: den Riesling oder „Klingelberger" ebenso wie Burgunder und Chardonnay. Die liebliche Landschaft zwischen Offenburg und Rastatt lädt außerdem zu ausgedehnten Spaziergängen und Wanderungen zwischen den besonders steilen Weinbergen ein, wo mit viel Traditionsbewusstsein Spitzenweine angebaut werden.

Ich wünsche Ihnen mit diesem Weinführer viel Freude und ich lade Sie ein, unser Land zu besuchen. Gerne stoße ich mit einem guten Glas Wein darauf an.

Erwin Teufel
Ministerpräsident
des Landes Baden-Württemberg

Die Ortenau bildet geographisch gesehen das Herzstück des Weinlands Baden. Eingebettet in eine schöne Landschaft, die eine Reise ganz gewiss lohnt, gibt es hier wunderbare Weine. Mit dem Weinführer durch die Ortenau möchte ich Ihren Appetit auf diese Region wecken!

Weit über die Grenzen hinaus ist die Ortenau für ihre exzellenten Rieslinge – hier Klingelberger genannt – und Spätburgunder bekannt. Daneben sind auch die Burgunderweine, wie Weiß- und Grauburgunder oder Chardonnay in hoher Qualität vertreten. Den Traminer findet man auch unter der Bezeichnung „Clevner".

Die teilweise sehr steilen Rebberge in der Ortenau befinden sich an den Ausläufern des Schwarzwaldes und profitieren sehr von der hohen Sonnenscheindauer und den hohen Niederschlägen. Hinzu kommen starke Tages- und Nachtschwankungen, welche die Rebstöcke fordern. Alles dies und noch mehr ist auf dem Weinlehrpfad Ortenau, der über 100 km von Baden-Baden bis Offenburg führt, erklärt.

In diesem Buch finden Sie 24 Weingüter aus der Region Ortenau, geordnet von Norden nach Süden, und mehrere Ausflugstipps. Bei der Verkostung der Weine (im hinteren Teil des Buches) war ich vor allem von den großartigen Qualitäten der edelsüßen Weine angetan. Ich bin zuversichtlich, dass die Dessertweine sich in der Zukunft wieder einer größeren Nachfrage erfreuen werden. Was gibt es auch schöneres, als an einem verregneten Nachmittag ein Gläschen süßeren Gewürztraminer oder Ruländer zu genießen? Oder nach einem besonderen Essen, zum Käse oder Dessert – oder anschließend mit einer Zigarre – ein Schlückchen zu genießen?

Bei den Verkostungsnotizen werden Sie keine Bewertungen im herkömmlichen Punktesystem finden. Es ging mir nicht darum, eine quantitativ professionelle Bewertung zu erstellen, sondern ich wollte vielmehr persönliche Empfehlungen aussprechen.

Eine Garantie auf Vollständigkeit kann ich Ihnen ebenfalls nicht geben, da ich die Auswahl der Weine den Winzern selber überlassen hatte.

Bleibt noch eine Frage zum Schluss: Welche Winzer wurden in das Buch aufgenommen? Ich musste mich auf eine bestimmte Zahl von Winzern und Winzergenossenschaften beschränken – also habe ich diejenigen ausgewählt, die ich persönlich derzeit mit den aktuellen Weinen am besten finde.

Nun hoffe ich, Sie werden durch dieses Buch dazu animiert, den einen oder anderen Winzer aufzusuchen, um sich selber einen Eindruck von den Produkten zu verschaffen, oder sich die Weine schicken zu lassen.

Viel Freude

Ihre *Natalie Lumpp*

Inhalt

Rheinmünster-
Schwarzach

Sinzheim
2, 3, 4, 5
Baden-Baden

Bühl
6, 7

Rheinau

Achern
8

Sasbachwalden
9

Renchen
12

Kappelrodeck
10, 11

Kehl

Oberkirch
13, 14

Durbach
15 bis 22

Offenburg
23

Ortenberg
24

Lahr

Gutach

**Die Nummern bezeichnen die Position
der Weingüter auf der Karte**

Weingut Kopp

Das Weingut Kopp sollten Sie sich für die nächsten Jahre gut einprägen! – Ewald Kopp ist ein Seiteneinsteiger. Er wollte mit seiner Frau einen Wein machen, wie er ihnen selber wirklich schmeckt. Dass er damit auch den Geschmack anderer Leute trifft, hat sich in den letzten Jahren immer mehr bewahrheitet. Bereits bei seinem ersten Jahrgang 1996 erhielt Kopp für fünf angestellte Weine fünf Goldmedaillen. Seine hohen Qualitäten sind vor allem auf seine geringen Erntemengen zurückzuführen. So legt Ewald Kopp vor allem bei seinen Neuanpflanzungen viel Wert auf Klone mit kleinen Trauben.

Bei der Verkostung des 2001er Jahrgangs zeigte Kopp vor allem eine Stärke bei den Burgunderweinen. Die Grauburgunder zeigen viel Schmelz, Kraft und Fülle. Eine Wohltat, nachdem bei anderen Winzern teilweise in den letzten Jahren die Grauburgunder zu überschönt und recht ausgezogen wirkten. Der 1999er Spätburgunder „S" gehört für mich mit zu den besten Rotweinen in Baden! Er vereint Wärme, Charme, Kraft und Finesse zur gleichen Zeit.

Bei den Rieslingen vermisse ich manchmal noch ein wenig die Finesse und Geschliffenheit.

Wenn Sie Sinzheim-Ebenung nicht zuordnen können: es ist ein Teilort von Baden-Baden. Für die Region ist das Weingut eine wirklich große Bereicherung!

Weingut Kopp

Ebenunger Straße 21 · 76547 Sinzheim-Ebenung
Telefon 0 72 21|80 36 01 · Fax 80 36 02
weingut-kopp@freenet.de

Besitzer Ewald Kopp
Kellermeister Ewald Kopp
Verkauf Birgit Kopp
Öffnungszeiten Donnerstag und Freitag
15 bis 19 UHR, Samstag 10 bis 15 UHR
Anfahrt A5 Frankfurt–Basel, Ausfahrt Baden-Baden, dann Richtung Sinzheim

Anbaufläche 6,5 ha
Rebsorten 45 % Riesling, 28 % Spätburgunder, 12 % Weißer Burgunder, 7 % Grauburgunder, 5 % Chardonnay, andere Sorten
Böden Granitverwitterung, Roter Buntsandstein, Lehm-Lößböden

Gut Nägelsförst

Die Weine vom Gut Nägelsförst könnte man praktisch als die „Hausweine Baden-Badens" bezeichnen.

Bereits im Jahre 1268 wurde das Gut Nägelsförst durch das Zisterzienserinnenkloster Lichtenthal als Hofmeierei gegründet. Auf dem „Klosterberg" wurden 1344 die ersten Spätburgunder Reben (Pinot Noir aus dem Burgund) angepflanzt.

Ein Besuch im Weingut lohnt sich auf alle Fälle. Es ist wunderschön auf dem Berg gelegen, und im Haus fühlen Sie ein besonderes Flair – fast wie in der Toskana.

1993 erwarb Reinhard Strickler das Weingut, und er hat es wirklich verstanden, mit viel Geschick das Anwesen noch attraktiver zu gestalten. Die Weine können Sie in wunderschön gepflegten Stuben verkosten, bei Gruppenanfragen zaubert Frau Muc ein mehrgängiges Menü.

Weingut Privat-Wein & Sektgut Nägelsförst

76534 Baden-Baden-Varnhalt

Telefon 07221|35550 · Fax 3555-56

info@naegelsfoerst.de · www.naegelsfoerst.de

Besitzer Reinhard J. Strickler

Kellermeister Robert Schätzle

Verkauf Albert Mirbach

Öffnungszeiten Montag bis Freitag 9 bis 18 UHR, Samstag 10 bis 16 UHR

Anfahrt A5 Frankfurt–Basel, Ausfahrt Baden-Baden, dann Richtung SWR

Anbaufläche 30 ha

Rebsorten 40 % Riesling, 30 % Spätburgunder, 15 % Weiße Burgundersorten, 5 % übrige Sorten wie Sauvignon Blanc, Traminer, Merlot und Cabernet Sauvignon

Böden Urgestein, Granitverwitterung

Toplagen Varnhalter Klosterbergfelsen, Umweger Stich den Buben, Neuweierer Mauerberg, Waldulmer Pfarrberg

Auch mit den Crémants und den Edelbränden hat sich das Weingut einen sehr guten Namen geschaffen.

Erhebliche Investitionen hat Familie Strickler vor allem im Keller und im Rebberg getätigt. So sind in den letzten 5 Jahren nochmals 7 ha Weinberge hinzugekommen.

Ich persönlich trinke immer sehr gerne die Nägelsförster Rieslinge. Zum unkomplizierten Trinken und in der Verbindung mit Meeresfrüchten und Fisch ist derzeit der „Riesling sur Lie"(auf der Hefe ausgebaut, wie man es bei den Muscadet von der Loire kennt) einer meiner Lieblinge. Die „Terroirweine" von Nägelsförst verlangen dagegen beim Trinken mehr Aufmerksamkeit, weil sie komplexer und höherwertig sind. In den letzten Jahren haben sich die Rotweine ebenfalls Jahr für Jahr gesteigert.

Ausflugstipp

Exotischer Anblick –
die Straußenfarm Mhou

Unweit von Rastatt und Baden-Baden gibt es eine tolle Familien-
attraktion: die Straußenfarm Mhou. In dem Zucht- und For-
schungscenter können Sie sehen, wie die Straußen ausschlüpfen
und nach bereits zwei Tagen ihre ersten Gehversuche unternehmen. Sobald die Tiere etwas größer sind, leben sie ganzjährig im
Wildgehege im Freien.

An die Farm angeschlossen ist ein gepflegter Verkaufsshop, in
dem Sie Straußenfilet, -steak, -schinken oder -krakauer finden.
Das Fleisch ist ausgesprochen fettarm und mager und deshalb
besonders bekömmlich, wie man schon bei Hildegard von Bin-
gen nachlesen kann. Zudem bekommen die Tiere hier nur natürliche Futtermittel wie Gräser, Klee und Getreide.

Kleine Kunstwerke sind auch die Lampen aus Straußeneiern oder der Schmuck mit Eierschalen. Ebenfalls zum Verkauf angeboten werden sehr hochwertige Handtaschen und Portemonnaies aus Straußenleder.

Die Farm ist für die Besucher sieben Tage in der Woche geöffnet, in der Zeit von April bis Anfang November werden samstags und sonntags Führungen um 11 UHR und um 14 UHR angeboten (Telefon 0 72 27/46 50, www.mhoufarm.de).

Winzergenossenschaf

Wenn Sie einen wirklich guten Riesling in der Liter-Flasche für jeden Tag suchen, kann ich Ihnen die Winzergenossenschaft Varnhalt wirklich wärmstens empfehlen! Die Lage „Sonnenberg" schmeckt trocken und lieblich ausgebaut, wie ein guter Riesling sein sollte. Die Weine sind immer sauber und klar in ihrer Aromatik, besitzen eine knackige und saubere Frucht und wirken mineralisch. Eine Steigerung bieten die 0,75 l-Rieslinge in den verschiedenen Qualitätsstufen, vom Qualitätswein bis zur Auslese. 95 % der Reben sind älter als 25 Jahre, manche sogar 45 Jahre alt. Das hat zur Folge, dass die Weine eine gute Konzentration aufweisen und eine hohe Dichte besitzen.

Winzergenossenschaft Baden-Baden-Varnhalt eG
Weinsteige 11 · 76534 Baden-Baden-Varnhalt
Telefon 07223|5359 · Fax 60184
wg-varnhalt@t-online.de
www.germanwine.de/wg/varnhalt

Geschäftsführer Emil Kopp, Vorstandsvorsitzender

Kellermeister Günter Janssen

Verkauf Emil Kopp und Rudolf Knopf

Öffnungszeiten Montag bis Freitag 8 bis 17 UHR,
Samstag von 9 bis 12 UHR

Anfahrt A5 Frankfurt–Basel, Ausfahrt Baden-Baden

Anbaufläche 86 ha

Rebsorten 80 % Riesling, 3 % Weißer Burgunder,
5 % Müller-Thurgau, 9 % Spätburgunder, 1 %
Dornfelder, ferner Gewürztraminer und Bacchus

Böden Lehm-Löß, Porphyrverwitterung, Buntsandstein

Toplagen Klostergut Fremersberger Feigenwäldchen,
Varnhalter Klosterberg, Varnhalter Steingrübler

Varnhalt

Wenn Sie für einen besonderen Anlass einen Dessertwein suchen, sollten Sie unbedingt beim Riesling Eiswein zugreifen, der eine hohe Langlebigkeit aufweist!

Mit 86 ha gehört die Winzergenossenschaft Varnhalt zu den Kleineren. Emil Kopp, der Vorstandsvorsitzende, legt das Schwergewicht seiner Arbeit auf den Riesling. Dafür bildet er sich auch regelmäßig im Ausland weiter und bietet ein vielseitiges Programm für seine Kunden, wie „Sensorik-Seminare" oder „Arbeiten im Weinberg".

Für Feste steht ein Saal zur Verfügung, in dem bis zu 180 Personen Platz finden.

Weingut Schloß Neuweie

Weingut Schloß Neuweier
Mauerbergstraße 21 · 76534 Baden-Baden
Telefon 0 72 23|96 670 · Fax 6 08 64
kontakt@weingut-schloss-neuweier.de
www.weingut-schloss-neuweier.de

Besitzer Gisela Joos
Kellermeister Alexander Spinner
Verwalter Holger Dütsch
Öffnungszeiten Montag bis Freitag
9 bis 12 Uhr und 13 bis 17 Uhr,
Samstag 9 bis 13 Uhr
Anfahrt A5 Frankfurt–Basel, Ausfahrt
Baden-Baden, dann Richtung Stein-
bach

Anbaufläche 10 ha
Rebsorten 85 % Riesling, 12 % Spät-
burgunder, 3 % übrige Sorten
Böden Granitverwitterung und Porphyr-
verwitterung
Toplagen Neuweierer Schloßberg und
Neuweierer Mauerberg

Wenn ich an die Weine vom Schloss Neuweier denke, läuft mir regelrecht das Wasser im Munde zusammen. Das sind für mich große Weine!

Einen Abstecher zum Schloss Neuweier zu unternehmen, lohnt sich, und wenn es nur für einen Blick auf das stattliche Gebäude ist. Das Schlossgut gibt es seit dem 12. Jahrhundert, 1992 ging es in den Besitz der Familie Joos über. Mit sehr großem Aufwand – auch finanziell – hat die Familie das Schlossgut komplett renovieren lassen. Zuständig für das Weingut ist Frau Gisela Joos, die ich für ihre Ideen und deren Umsetzung wirklich bewundere! Die Toplagen Schloßberg und Mauerberg befinden sich gleich hinter dem Schloss und Sie werden überrascht sein, wie steil Rebhänge sein können. Zu den meinen Topfavoriten gehört der Riesling aus dem sogenannten „Goldenes Loch" am Schlossberg. Die Steillage, die über ein Jahrzehnt brach lag, wurde durch Querterrassen wieder bearbeitbar gemacht. Dort wachsen Rieslinge von höchster Güte. Die gleichbleibend guten Qualitäten führten zur Aufnahme des Weingutes in den VDP im Jahre 2001. Einen zauberhaften Abend werden Sie garantiert im Restaurant des Schlosses erleben. Besonders schön ist es, im Sommer im Wintergarten zu sitzen, und im Winter kommen die anheimelnden Räume mit ihren niedrigen Decken voll zur Geltung. Dort können Sie bestens zubereitete Fischgerichte zu den Rieslingen genießen oder einen gebratenen Rehrücken mit frischen Steinpilzen zu den Rotweinen vom Schloß Neuweier.

Winzergenossenschaft

1907 wurde im benachbarten Bühlertal die älteste Genossenschaft Nordbadens gegründet. 1922 entstand die Genossenschaft Neuweier. Diese beiden fusionierten 1970 zur heutigen Winzergenossenschaft.

Seit 1996 ist Bernhard Graus für den Keller zuständig. Er legt großen Wert auf eine kühle Vergärung der Weißweine, damit diese ihre feinen Fruchtnuancen behalten. Die Rieslinge lässt er heute wieder für eine gewisse Zeit im großen Eichenholzfass reifen.

Der Schwerpunkt liegt auch in dieser Genossenschaft, wie typisch für das Badener

Winzergenossenschaft Neuweier-Bühlertal eG

Mauerbergstraße 32 · 76534 Baden-Baden-Neuweier

Telefon 0 72 23|9 68 70 · Fax 52 074

info@wg-neuweier.de | www.wg-neuweier.de

Geschäftsführer Thomas Goth

Kellermeister Bernhard Kraus

Verkauf Thomas Goth

Öffnungszeiten Montag bis Freitag 8 bis 17 Uhr, Samstag 9 bis 12 Uhr, von März bis Oktober Sonntag von 11 bis 14 Uhr

Anfahrt A5 Frankfurt–Basel, Ausfahrt Baden-Baden, dann Richtung Neuweier

Anbaufläche 143 ha

Rebsorten 55 % Riesling, 33 % Spätburgunder, 9 % Müller-Thurgau, 3 % Traminer, sonstige wie Weißburgunder, Regent und Bacchus

Böden Urgesteinsverwitterung

Toplagen Neuweierer Mauerberg und Neuweierer Altenberg sowie Affentaler

Neuweier-Bühlertal

Rebland, auf den Rieslingen. Bei meiner letzten Verkostung war ich sehr erfreut, wie gut die Rieslinge
wieder geworden sind. Sie haben eine sehr saubere
Frucht und duften nach Aprikosen und Pfirsichen.
Freude bereiten so manchem Käufer auch die Bocks-
beutelflaschen, welche nur für die vier Gemeinden
Neuweier, Umweg, Steinbach und Varnhalt zugelas-
sen sind.

Ausflugstipp

Ein Spaziergang durch Baden-Baden

Zu den Hauptattraktionen in der Ortenau gehört sicherlich die Stadt Baden-Baden. Ich kann Ihnen versichern: Ein Besuch dort lohnt sich immer!

Nicht jeder kennt die „Gönneranlage" – eine wunderschöne Parkanlage, direkt an der Oos gelegen, mit üppigen Rosenbepflanzungen. Sie werden dort immer Ruhe finden, und vor allem gegen Abend herrscht dort eine ganz besondere Atmosphäre. Gleich hinter dem Park kommen Sie in die Lichtentaler Allee, wo Sie zwischen Bäumen, wunderschönen Blumenbeeten, Joggern, Hunden und Kindern die schönsten Spaziergänge machen können. Die Allee endet bei dem 700 Jahre

In der Lichtenthaler Allee

alten Kloster Lichtenthal, einem berühmten Zisterzienser Nonnenkloster. In einer Maulbronner Urkunde von 1243 wird das von Irmengard von Baden gegründete Kloster erstmalig erwähnt. An dem hohen Rundbogenfenster in der Nordwand lässt sich erkennen, dass das Kloster ursprünglich niedriger und im romanischen Stil erbaut war. Ein besonderes Kleinod ist die Fürstenkapelle aus dem 14. Jahrhundert, deren Wahrzeichen die so genannte „Schlüsselmadonna" ist.

Bei einem Bummel durch die Stadt werden Sie auffallend viele schick gekleidete Leute sehen. Daher lohnt es sich, sich in einem der Straßencafes niederzulassen. Wer es gerne uriger mag, dem stehen auch gemütliche Weinstuben wie der „Baldreit" oder das „La Casserole" mit elsässischen Spezialitäten zur Verfügung.

Das Kurhaus lädt fast täglich um 16 UHR zu einem Promenadenkonzert ein. Das Spielcasino nebenan gehört meiner Meinung nach zu den schönsten in Europa und ist das älteste in

Gönneranlage

Deutschland. Auch „Nichtspieler" kommen hier voll auf ihre Kosten. Unbedingt an Ausweis und Krawatte denken!

Als „Wahl-Baden-Badenerin" hätte ich unendlich viele Tipps für Sie. Vor allem sollten Sie wissen, dass die Stadt rund 800 km ausgebaute Wander- und Fahrradwege besitzt. Sie kommen an imposanten Villen vorbei, mitten in der schönsten Natur.

Ein solcher Weg führt auch zu Baden-Badens Hausberg „Merkur". Auf dem Weg zum Gipfel (ist von allen Richtungen gut ausgeschildert) liegt die Weinstube Eckberg. Wann haben Sie das letzte Mal einen Eiersalat mit Mayonnaise, Straßburger Wurstsalat oder Fleischmagensalat mit Brägele gegessen? Dieses oder Flammkuchen in mehreren Variationen machen Appetit auf die eigenen Weine vom Eckberg (geöffnet Mittwoch bis Samstag ab 15 UHR, Sonntag ab 12 UHR). Ab 12 Personen lassen sich nach Absprache mit dem sympathischen Besitzer Harald Hillert Weinproben durchführen. Im Sommer wird der große Garten bewirtschaftet, während die Kinder auf dem eigenen Spielplatz toben können. Gleich angegliedert ist das Wildgehege, wo Sie Hirsche und Rehe hautnah erleben können.

Wem der Weg zum „Merkur" jedoch zu steil und anstrengend ist, dem empfehle ich, die Seilbahn zu nehmen – und natürlich auf dem Rückweg in die Weinstube Eckberg einzukehren.

Das Kurhaus

Weingut Duijn

Ein Holländer, der in Baden absolute Spitzenrotweine (auch preislich) produziert – klingt doch ehrlich gesagt ein wenig eigentümlich. Vielleicht schmunzeln Sie auch ein wenig bei Ihrem ersten Besuch des Weinguts. Jacob Duijns Holländischer Dialekt in einem wunderbaren alten badischen Gewölbeweinkeller – mit seinem verschmitzten Lächeln wirkt er fast wie ein Lausbub. Der Autodidakt und Späteinsteiger Duijn hat es innerhalb weniger Jahre geschafft, seinem Weingut ein internationales Renommee zu verschaffen. Bei Jacob Duijn wird der Wein unter Beachtung der Mondphasen an- und ausgebaut – heute ist das noch ungewöhnlich.

Für badische Winzer fast undenkbar ist, dass Jacob Duijn nur Spätburgunder Rotwein in seinem Sortiment führt. Im Badischen sind Sie es ja eigentlich gewohnt, dass der Winzer mindestens acht bis zehn Rebsorten im Programm führt. Die Weinkenner wissen aber, dass es im Burgund ebenfalls nur die Spätburgunder Traube (Pinot Noir) für Rotwein gibt. Der Spätburgunder ist sehr kapriziös im Anbau, dafür bringt er jedoch mehr als andere Rotweinsorten die Typizität der Lage zum Ausdruck. Ich liebe den Spätburgunder vor allem wegen seiner Subtilität und Wärme.

Da Jacob Duijn hauptberuflich sehr viel mit den Weinen aus Burgund zu tun hat, liegen ihm diese Weine auch besonders am Herzen. Neben dem Weingut Huber in Malterdingen hat er vor allem im Burgund seine Lehrmeister gefunden. Ohne zu übertreiben: es dürfte für Sie schwierig sein, den Duijn Wein in einer Blindverkostung von Weinen aus dem Burgund zu unterscheiden.

Ab dem ersten Jahrgang 1994 gab es nur einen Rotwein pro Jahr. Seit dem Jahrgang 2000 gibt es einen „normalen Spätburgunder" und einen „SD" – Selektion Duijn. Letzterer ist wirklich ein Wein für ganz besondere Anlässe.

Weingut Duijn
Hohbaumweg 16
77815 Bühl/Kappelwindeck
Telefon 07223|21497 · Fax 83773
duijn@t-online.de

Besitzer Jacob Duijn
Kellermeister Jacob Duijn
Verkauf Martina Duijn
Öffnungszeiten nach telefonischer Vereinbarung
Anfahrt A5 Frankfurt–Basel Ausfahrt 52 (Bühl)

Anbaufläche 7 ha
Rebsorten 100 % Spätburgunder
Böden Granitverwitterung
Toplagen Laufer Alsenhof, Bühlertaler Engelsfelsen, Bühlertaler Sternenberg

Mündlichen Überlieferungen zur Folge kommt der Name „Affental" von „Ave Tal" (gesegnetes Tal). Das ist auch gut nachvollziehbar, denn im 13. Jahrhundert brachten die Zisterzienserinnen vom Kloster Lichtenthal rote Reben vom Burgund nach Baden-Baden. Vermutlich wurde im Dialekt aus dem „Ave Tal" das Affental.

Bekannt sind die Affentaler heute vor allem für ihre hervorragenden Spätburgunder. Seit vielen Jahren gehört der Spätburgunder Barrique Spätlese und Auslese (in der Bordeauxflasche) für mich jedes Jahr zu den besten Rotweinen Badens.

Neu ist: seit 1998 werden die besten Weine unter dem Label „SLK" (bevorzugt für Mercedesfahrer?) angeboten. SLK bedeutet „Selektion Leo Klär", nach dem zuständigen Önologen be-

nannt. Wie mir der vormalige Geschäftsführer Georg Huschle berichtete, wird „SLK" gut angenommen. Abgerundet wird das Sortiment auch durch gute edelsüße Weine und Sekte.

Der Ende 2002 ausgeschiedene Geschäftsführer Georg Huschle war als der Erste Vorsitzende der Ortenauer Weinwerbung immer sehr aktiv. Ein wirklicher Höhepunkt war das von Huschle mit initiierte „Ortenauer Wein-Happening" im Festspielhaus Baden-Baden im Herbst 2002. Wir hoffen, dass weitere „Happenings" folgen!

Affentaler Winzergenossenschaft Bühl eG
Betschgräblerplatz · 77815 Bühl-Eisental
Telefon 0 72 23 | 98 98-0 · Fax 98 98-30
info@affentaler.de | www.affentaler.de

Geschäftsführer Dr. Ralf Schäfer

Kellermeister Leo Klär

Verkauf Annette Huber, Günther Weber

Öffnungszeiten Montag bis Freitag 8 bis 18 UHR, Samstag 9 bis 13 UHR, Sonntag 10 bis 14 UHR (März bis Dezember)

Anfahrt A5 Frankfurt–Basel, Ausfahrt Bühl, dann Richtung Bühl/Baden-Baden

Anbaufläche 228 ha

Rebsorten 50 % Riesling, 35 % Spätburgunder, 10 % Müller-Thurgau, 5 % Weißer Burgunder, Grauer Burgunder und Traminer

Böden Urgesteinsverwitterungsböden mit ausgeprägten Humusanteilen; verwitterter Buntsandstein

Toplagen Eisentaler Betschgräbler, Altschweierer Sternenberg, Bühler Wolfhag, Huber Althof

Weingut Köninger

Das ausgesprochen kleine Weingut Köninger gehört noch zu meinen absoluten Geheimtipps. Tobias Köninger, gerade mal 24 Jahre alt, hat sich im Jahr 2000 entschlossen, während seiner Ausbildung zum Weinbautechniker den Betrieb in eigener Leitung zu übernehmen. Das Weingut hat eine Tradition, die bis ins 18. Jahrhundert zurück reicht. Bis 1996 war das Weingut unter der Leitung der Familie Ilie gestanden, bei der Tobias Köninger seine Ausbildung machte.

Meine erste Begegnung mit Tobias Köningers Weinen war sein 1999er Spätburgunder. Er hat zwar noch nicht die Dichte eines ganz großen Weines, ist aber sehr sauber ausgebaut, im Barrique-Fass gereift und fein mit viel Finesse gearbeitet. Der Rotwein ließ sich schon jung sehr schmeichelhaft und charmant trinken. Der angesprochene Hex vom Dasenstein im Barrique gereift ist für 9,40 EURO zu bekommen, was dem Weintrinker doch wirklich Freude bereitet.

Ich bin ganz sicher, dass wir in der Zukunft weiterhin noch viel von Tobias Köninger hören werden, und wünsche dafür alles Gute.

Weingut Köninger
Spitalstraße 3 · 77855 Achern
Telefon 07842|3164 · Fax 3164
post@weingut-koeninger.de
www.weingut-koeninger.de

Besitzer Tobias Köninger
Kellermeister Tobias Köninger
Verkauf Tobias Köninger
Öffnungszeiten Freitag von 17 bis 19 UHR,
von September bis November Montag
bis Freitag von 17 bis 19 UHR, Samstag
9.30 bis 12 UHR oder nach Vereinbarung
Anfahrt A5 Frankfurt–Basel, Ausfahrt Achern

Anbaufläche 2 ha
Rebsorten 65 % Spätburgunder, 15 % Ries-
ling, 10 % Grauburgunder, 5 % Cabernet
Sauvignon, 5 % Gewürztraminer
Böden Granitverwitterung und Lößlehm
Toplagen Hex vom Dasenstein und Renche-
ner Kreuzberg

Alde Gott

Kennen Sie die Anekdote von „Alde Gott"? Der Name „Alde Gott" geht auf eine Geschichte aus dem Dreißigjährigen Krieg zurück. Damals trafen sich dort, wo heute die Weinberge sind, zwei Überlebende, ein Mann und eine Frau. Aus Dankbarkeit, nicht mehr alleine zu sein, rief der Mann aus: „Der alte Gott lebt noch". Daraus wurde später die Lage „Alde Gott" und der Name der Winzergenossenschaft. Die Winzergenossenschaft ist mit zahlreichen Medaillen ausgezeichnet. Dazu gehören Bundesehrenpreise von 1998 und 2000 und der DLG-Ehrenpreis für die besten trockenen Rotweine 2001. Immer wenn ich an die Winzergenossenschaft Sasbachwalden denke, kommt mir der herrliche 90er Spätburgunder Rotwein Spätlese „Barrique ausge-

baut" trocken in den Sinn. Das war für mich einer der schönsten Rotweine, die jemals in Baden entstanden sind. Sehr bemer-
kenswert waren natürlich die Weine aus dem großartigen Rot-
weinjahrgang 1997. Bei großen Verkostungen zeigte der Spätburgunder Rotwein Auslese trocken wiederholt seine Stärken
im Vergleich zu Barrique ausgebauten Spätburgundern.

Großen Anklang finden auch die Sekte vom Alde Gott, und die
Sommerweine, welche leicht und unkompliziert zu trinken und
mit blumigen Etiketten versehen sind.

Alde Gott Winzergenossenschaft eG
Talstraße 2 · 77887 Sasbachwalden
Telefon 07841|20290 · Fax 202918
info@aldegott.de | www.aldegott.de

Geschäftsführer Günter Lehmann
Kellermeister Herrmann Bär
Verkauf Friedrich Wäldele

Öffnungszeiten vom 1. November bis 30. April: Montag
   bis Freitag von 8 bis 12 UHR und 13.30 bis 18 UHR, Samstag von 8.30 bis 12 UHR. Vom 1. Mai bis 31. Oktober:
   Montag bis Freitag von 8 bis 18 UHR, Samstag von 8.30
   bis 17 UHR, Sonntag von 13 bis 17 UHR.

Anfahrt A5 Frankfurt–Basel, Ausfahrt Achern, dann Richtung Sasbachwalden

Anbaufläche 240 ha
Rebsorten 61 % Spätburgunder, 15 % Riesling, 13 % Mül-
   ler-Thurgau, 7 % Grauer Burgunder, 4 % Chardonnay,
   Weißer Burgunder und Cabernet Sauvignon
Böden Granitverwitterungsgestein
Toplagen Sasbachwaldener Alde Gott

Hex vom Dasenstein

Wem ist die Hex vom Dasenstein kein Begriff? Auch weit über die Grenzen hinaus ist der Rotwein bekannt und geschätzt. Nicht übersehen dürfen Sie jedoch dabei, dass es unter der Bezeichnung „Hex vom Dasenstein" jedes Jahr mehrere unterschiedliche Qualitätsstufen gibt. In den letzten Jahren empfand ich meist den Spätburgunder Auslese trocken sehr gelungen, der ein hervorragender Essensbegleiter (besonders zu Wildgerichten) ist. Besonders stolz sind die Kappelrodecker vor allem darüber, dass sie als erste Winzergenossenschaft in Deutschland

Winzerkeller Hex vom Dasenstein eG
Burgunderplatz 1 · 77876 Kappelrodeck
Telefon 078 42|9 93 80 · Fax 87 63
info@winzerkeller.net
www.hex-vom-dasenstein.de

Besitzer Die eingeschworene Winzerschaft Kappelrodecks

Kellermeister Robert Schnurr

Verkauf Jürgen Decker (Geschäftsführer), Alex Schwank

Winzerkeller geöffnet Montag bis Freitag 8 bis 12 UHR und 13.30 bis 17.30 UHR, Samstag 9 bis 13 UHR, Sonntag 10 bis 13 UHR (von Mai bis Oktober)

Anfahrt A5 Frankfurt–Basel, Ausfahrt Achern

Anbaufläche 140 ha

Rebsorten 78 % Spätburgunder, 6 % Müller-Thurgau, 6 % Riesling, 2 % Gewürztraminer, 3 % Weißburgunder, 5 % Grauburgunder

Böden Granitsteinverwitterung und Lößlehm

Toplagen Hex vom Dasenstein

vier Mal in Folge den Bundesehrenpreis in Gold erhalten haben (1999, 2000, 2001, 2002)!

Für Diskussionsstoff sorgte in der Vergangenheit zum einen die Gestaltung der Flasche mit dem Hexenmotiv im Glas, und zum anderen die Gestaltung der Etiketten mit frivol-erotischen Darstellungen von Tomi Ungerer.

Die 1934 gegründete Genossenschaft befindet sich derzeit voll im Umbruch. 1998 wurde bereits die „Winzergenossenschaft" in „Winzerkeller" umbenannt. Von vielen Seiten habe ich seither gehört, dass die Namensänderung sehr gut ankommt.

Das alte Verwaltungsgebäude und der Verkaufsraum wurden im Frühjahr 2002 abgerissen. Neue modern-offene, großzügig geschnittene und helle Räumlichkeiten sind an ihrer Stelle entstanden. Zusätzlich wurden Möglichkeiten für Tagungen, Seminare und Kongresse geschaffen. Kulturell sind für die Zukunft Vernissagen, Lesungen und Konzerte geplant. Sie merken – ein Ausflug dorthin lohnt sich.

Winzergenossenschaft

Außerhalb der Region Baden-Württemberg werden die Winzergenossenschaften noch oft unterschätzt. Das liegt natürlich zum
einen daran, dass die Winzergenossenschaften sehr große Men-
gen an Trauben verarbeiten müssen, und dass sie die Alltagswei-
ne produzieren. Auf der anderen Seite jedoch haben sie die Mög-
lichkeit, die gut gepflegten Trauben aus den besten Lagen separat auszulesen und zu verarbeiten.

In Baden und Württemberg wird also noch über 80 % der Rebfläche von Genossenschaften bearbeitet. Ich persönlich bin der
Überzeugung, dass man von dem Namen Genossenschaft weg-
kommen sollte, weil er doch etwas überholt ist und vielleicht
falsche Assoziationen weckt.

Waldulm

Die Winzergenossenschaft Waldulm ist natürlich bekannt für ihre Rotweine. Es gibt hier immer sehr samtige weiche Rotweine, von den Qualitäten finden Sie gute süffige Liter-Ware bis hin zur trockenen Auslese. Auch die Waldulmer warten mit einigen Preisen auf, so haben sie beispielsweise Bundesehrenpreise bekommen in 1994, 1996, 1997, 1999, 2000 und die DLG-Ehrenpreise für trockene Rotweine 2000 bundesweit.

Der Wein war lange Zeit Naturaleinkommen für den Pfarrer und die Kirche, auch in Waldulm. Hier gründete Pfarrer Wilhelm Fichter 1928 die Winzergenossenschaft – die berühmte Lage Pfarrberg hat daher ihren Namen.

Winzergenossenschaft Waldulm eG

Weinstraße 37 · 77876 Kappelrodeck-Waldulm
Telefon 07842|94890 · Fax- 948920
mail@waldulmer.de | www.waldulmer.de

Geschäftsführer Bernhard Fischer

Kellermeister Ludwig Müller und Marko Pfliehinger

Verkauf Bernhard Fischer

Öffnungszeiten Montag bis Freitag 8 bis 12 UHR und 13.30 bis 17 UHR, Samstag 9 bis 13 UHR. Von Ostern bis Allerheiligen Sonn- und Feiertags von 10.30 bis 15.30 UHR

Anfahrt A5 Frankfurt–Basel, Ausfahrt Achern, dann Richtung Kappelrodeck-Waldulm

Anbaufläche 115 ha

Rebsorten 85 % Spätburgunder, restliche verteilen sich auf Müller-Thurgau, Riesling, Grauer Burgunder und Weißer Burgunder

Böden Granitverwitterungsgestein

Toplagen Waldulmer Pfarrberg und Waldulmer Kreuzberg

Ausflugstipp

Unterwegs in Offenburg und Umgebung

Von Offenburg aus lassen sich wunderbare Wander- und Fahr-radtouren unternehmen. Schnell sind Sie mit dem Fahrrad auch im angrenzenden Elsaß. Bis Molsheim ist die Route gut ausge-schildert, sie ist auch für ungeübte Fahrer gut geeignet. (Infos gibt Ihnen auch die Stadtinformation Offenburg, Telefon 0781/822000).

Das wirklich schöne am Fahrradfahren ist, dass man danach sich wieder gut stärken darf. Im Elsaß sollten Sie dabei unbedingt in eine „Winstub" (Weinstube) einkehren. Typisch sind dort neben Flammkuchen auch Froschschenkel in Knoblauch oder eine le-ckere Gänseleberterrine. Letztere sollten Sie mit einem Glas el-sässischem Gewürztraminer probieren!

Von Offenburg aus ist es ein Katzensprung zum angrenzenden Ortenberg. Stolz ragt die Burg auf dem Berg auf und vom dor-tigen Malerturm haben Sie eine hervorragende Aussicht. Da das Schloss selbst als Jugendherberge dient (!!!) lassen sich die schö-nen Räume leider nicht mehr besichtigen. Umso imposanter ist es für die Jugendlichen, wenn sie ihre Mahlzeiten im Rittersaal einnehmen.

Beim ersten Besuch ist es etwas verwirrend, dass sich das Wein-gut Schloß Ortenberg nicht im Schloss selber befindet, sondern etwas unterhalb. Die gute Beschilderung sorgt jedoch dafür, dass Sie das Weingut leicht finden.

Apropos essen – eine richtige Vesperstube finden Sie noch in Schwaibach/Gengenbach. Müllers Mühle liegt an einem Ge-birgsbach in einem Seitental der Kinzig. Das schön restaurierte Gebäude diente früher als Getreidemühle. Im Sommer sitzen

Auf den Weinbergen bei Offenburg wächst bester badischer Wein.

Blick von der Lindenhöhe über Offenburg, im Hintergrund die Vogesen.

Burg Ortenberg am Kinzigtalausgang

Sie inmitten einer wildromantischen Natur. In der kälteren Jahreszeit finden Sie Platz an großen blank geschrubbten Holztischen. Wer schon eine ausgedehnte Wanderung hinter sich hat, dem ist die „Vesperplatte" zu empfehlen. Zum frischen Holzofenbrot bekommen Sie Bibbeleskäs, Schinken, Speck, Blut- und Leberwurst. Satt werden Sie dabei garantiert. In größerer Gruppe sollten Sie dazu auch die sauren Bohnen mit Speck probieren.

Bei einer größeren Wandertour können Sie nach Voranmeldung auch in der Mühle übernachten, in Mehrbettzimmern mit Etagenduschen und rustikalem Bauernfrühstück.

Öffnungszeiten: 1. März bis 31. Oktober täglich ab 16 UHR. Sonn- und Feiertags täglich ab 11 UHR.

(Telefon 07803/2795, www.vespermuehle.de)

Biergarten „Müllers Mühle"

Weinhaus Bimmerle

Ich muss Ihnen gestehen, bis zu diesem Buch kannte ich das
Weingut Bimmerle nicht. Das ist für mich immer noch die Fas-
zination am Wein, dass jeder Jahrgang anders ausfällt, und dass
es immer wieder neue Weingüter zu entdecken gibt.
Sehr erfreut war ich, als ich die Rieslinge und die hervorragenden Spätburgunder aus diesem Weingut probieren konnte.
Das Weingut Bimmerle wurde bereits 1936 gegründet, 1970
übernahm Gerold Bimmerle, der Sohn, die Nachfolge. Leider
ist er früh verstorben, und 1981 hat Siegbert Bimmerle, die
nächste Generation, das Weingut übernommen. Er achtet kon-
tinuierlich auf gute Qualität und kooperiert heute mit 38 Ver-
tragswinzern, die sich zu einer Erzeugergemeinschaft zusam-
mengeschlossen haben. Zur Motivation dieser Winzer tragen
vor allen Dingen Auszeichnungen bei, wie beispielsweise im
Jahr 2001, wo sie von 10 Anstellungen 10 Goldmedaillen erhalten haben bzw. den Landesehrenpreis für Baden oder 2002, wo
sie 8 DLG-Goldmedaillen von 8 Anstellungen erhalten haben.
Für sehr kundenfreundlich halte ich vor allem, dass bei Bim-
merles bis abends 20 UHR das Weingut geöffnet ist! Zusätzlich
bietet das Weingut an, für Sie individuell ein Wochenende in
Baden zu arrangieren, inklusive Übernachtungsmöglichkeiten
und Stadtführungen in der Umgebung.

Weingut-Weinhaus Bimmerle KG
Kirchstraße 4 · 77871 Renchen-Erlach
Telefon 07843|654 · Fax 1502
wein-bimmerle@t-online.de
www.wein-bimmerle.de

Besitzer Siegbert und Gisela Bimmerle

Kellermeister Siegbert Bimmerle

Öffnungszeiten Montag bis Freitag
8.30 bis 20 UHR! Samstag 8.30 bis
16 UHR, Sonntag nach Vereinbarung

Anfahrt A5 Frankfurt–Basel, Ausfahrt
Appenweier, dann auf B28 Richtung
Renchtal/Freudenstadt, Ausfahrt
Zusenhofen, von dort nach Erlach

Anbaufläche 16 ha

Rebsorten 20 % Müller-Thurgau,
20 % Riesling, 10 % Grauburgunder,
50 % Spätburgunder

Böden Granitverwitterungsgestein

Toplagen Oberkircher Schlossberg,
Waldulmer Pfarrberg

Oberkircher

Wie die Nachbarn, so ist auch die Winzergenossenschaft Oberkirch vorrangig für ihre guten Rotweine bekannt.

Seit dem 1. Juni 2002 ist Frank Männle als Qualitätsmanager zum Team hinzugekommen. Zum Teil betreut er auch die Winzergenossenschaft Waldulm mit. Ich halte es jedenfalls für weitsichtig, sich gemeinsam einen Qualitätsmanager zu leisten. Herr Männle berät die Winzer in allen Fragen, beispielsweise wie sie ihre Neuanlagen gestalten sollen, welche Klone besonders geeignet sind oder wie die Düngung vonstatten gehen soll. Insgesamt findet dadurch natürlich eine bessere Kontrolle der Trauben statt, weil Herr Männle sehr viel Zeit in den Rebbergen der Winzer verbringt. Gleichzeitig ist er als Bindeglied zwischen Winzer und

Oberkircher Winzergenossenschaft eG
Renchener Straße 42 · 77704 Oberkirch
Telefon 0 78 02 | 9 25 80 · Fax 92 58 38
info@oberkircher-winzer.de
www.oberkircher-winzer.de

Besitzer Genossenschaft Oberkirch

Kellermeister Martin Bäuerle und Jörg
  Scheiding

Verkauf Martin Benz

Öffnungszeiten Montag bis Freitag
  8 bis 12 UHR und 13.30 bis 17.30 UHR,
  Samstag 9 bis 13 UHR

Anfahrt A5 Frankfurt–Basel, Ausfahrt
  Appenweier, dann Richtung Oberkirch

Anbaufläche 430 ha

Rebsorten 40 % Spätburgunder,
  24 % Riesling, 20 % Müller-Thurgau,
  10 % Ruländer, 6 % sonstige

Böden Granitverwitterungsgestein

Toplagen Oberkircher Schlossberg

Winzergenossenschaft

Winzergenossenschaft tätig. Auch kellertechnisch wurde hier in den letzten Jahren kräftig investiert: so werden zum Beispiel die Trauben beim Annahmeverfahren und anschließend die Maische sehr schonend behandelt.

Dies alles zusammen hat zur Motivation der Winzer beigetragen. Zudem gibt es für die besseren Qualitäten eine neue Serie „Vinum Nobile". Die Ausstattung der Flaschen ist sehr gelungen. Über fehlende Auszeichnungen können die Oberkircher jedenfalls nicht klagen. So haben sie beispielsweise 10 Ehrenpreise innerhalb der letzten 10 Jahre bekommen und im Jahr 2001 den Bundesehrenpreis.

Weingut Herztal

Beim Weingut Herztal lassen sich ein paar Entdeckungen machen. Bei der Präsentation des „Ortenauer Weinhappening" im Festspielhaus Baden-Baden hatte ich das erste Mal die Gelegenheit, die Herztalweine zu verkosten. Siehe da, der 2001er Riesling Kabinett trocken und der 2001er Weißburgunder Kabinett trocken waren wirklich ausgezeichnet! Dazu müssen Sie auch wissen, dass die Weine preislich zwischen 2,60 und 8 EURO liegen – also gute Qualität für jeden Tag zu einem erschwinglichen Preis.

Seit 1995 baut die Familie Müller ihre Weine selber aus. In den letzten Jahren ist noch eine Straußenwirtschaft dazu gekommen, welche 16 Wochen im Jahr geöffnet ist. Während der übrigen Wochen des Jahres haben Sie die Gelegenheit, die Weine im „Weinlädele" zu verkosten. Die Bodenständigkeit der Familie Müller schlägt sich auch in ihren Weinen nieder.

Als ich für die Verkostung eine kleine Auswahl an Wein zum Probieren anforderte, bekam ich vom Weingut ungefähr zwanzig verschiedene Weine und Sekte zugeschickt. Das ist noch sehr typisch für Baden, dass die Winzer eine sehr große Rebsortenvielfalt bieten. Für ein Weingut bedeutet dies aber auch einen hohen Aufwand, da verschiedene Rebsorten unterschiedlich behandelt werden wollen.

Für den Verbraucher wird dadurch eine breite Angebotspalette eröffnet, mit unterschiedlicher Qualität.

Um das Angebot abzurunden, brennt die Familie Müller auch eigene Schnäpse beispielsweise aus Zibarten, Haferpflaumen oder Johannisbeeren.

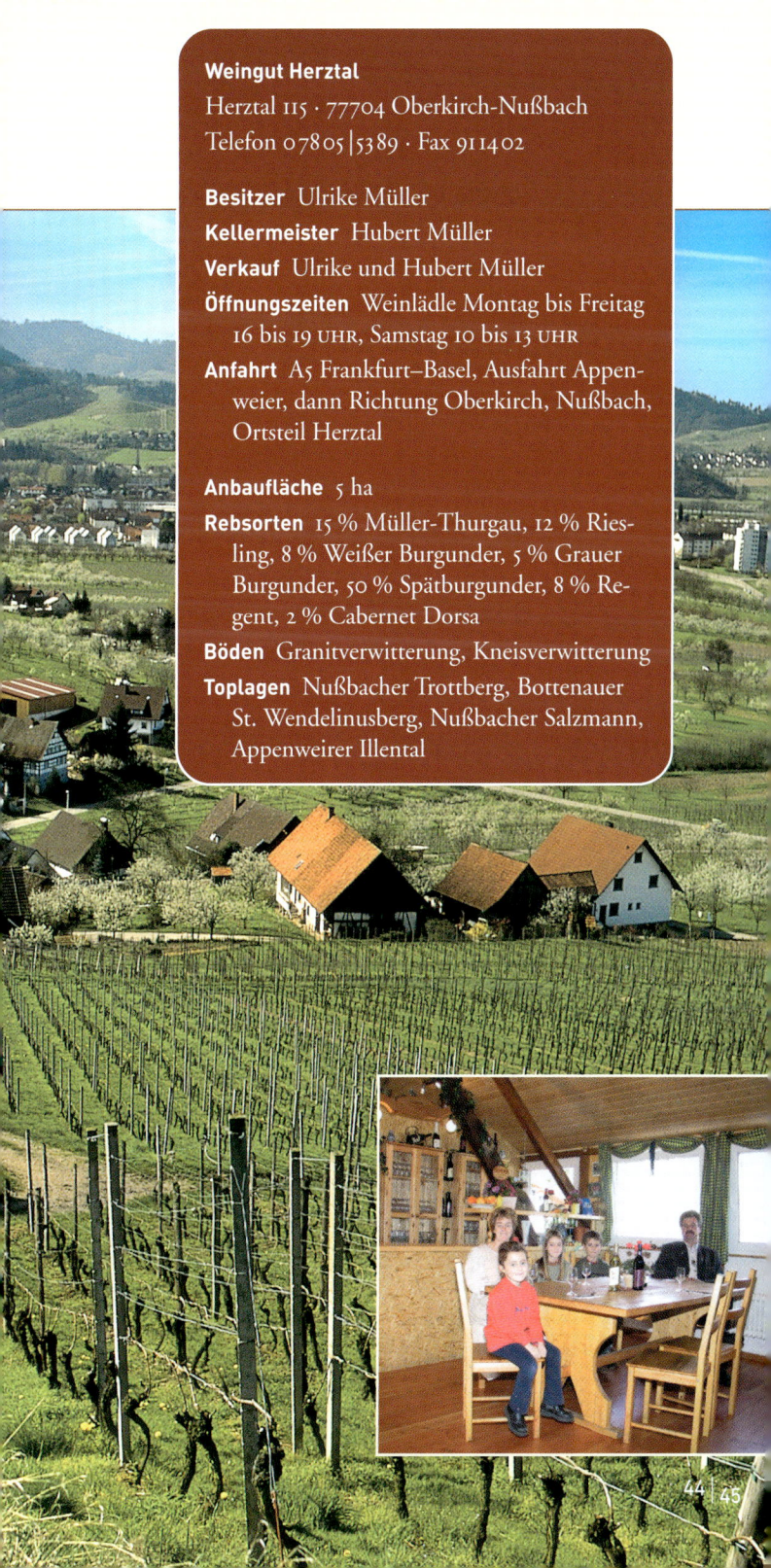

Weingut Herztal

Herztal 115 · 77704 Oberkirch-Nußbach
Telefon 07805|5389 · Fax 911402

Besitzer Ulrike Müller

Kellermeister Hubert Müller

Verkauf Ulrike und Hubert Müller

Öffnungszeiten Weinlädle Montag bis Freitag 16 bis 19 UHR, Samstag 10 bis 13 UHR

Anfahrt A5 Frankfurt–Basel, Ausfahrt Appenweier, dann Richtung Oberkirch, Nußbach, Ortsteil Herztal

Anbaufläche 5 ha

Rebsorten 15 % Müller-Thurgau, 12 % Riesling, 8 % Weißer Burgunder, 5 % Grauer Burgunder, 50 % Spätburgunder, 8 % Regent, 2 % Cabernet Dorsa

Böden Granitverwitterung, Kneisverwitterung

Toplagen Nußbacher Trottberg, Bottenauer St. Wendelinusberg, Nußbacher Salzmann, Appenweirer Illental

Andreas Laible

Eigentlich brauche ich Ihnen gar nicht viel von Andreas Laible erzählen. Weit über die Grenzen hinaus ist er bekannt für seine großen Weißweine, welche an Frucht kaum zu übertreffen sind! Andreas Laible ist durch und durch ein Qualitätsfanatiker. So wurde er schon mehrfach bei renommierten Guides, Zeitungen und Wettbewerben ausgezeichnet. Bei der Landes- und Bundesweinprämierung hat er mehr Medaillen als jeder andere Winzer in Baden-Württemberg bekommen.

Ich schätze ihn vor allem wegen seiner Weine mit enormer Dichte (A. Laible ist ein Gegner der Konzentrationen), die dennoch schlank und von großer Finesse sind. Wie bei kaum einem anderen Winzer schmecken die Weine wirklich gebietstypisch. Die Rieslinge werden nicht auf „Mosel- oder Rheingaustil" getrimmt – nein, sie schmecken wie nur Ortenauer Weine sein können! Auch seine Traminer – in der Ortenau als Clevner bekannt – könnten nicht besser sein!

Weingut Andreas Laible
Am Bühl 6 · 77770 Durbach
Telefon 0781|41238 · Fax 38339
info@weingut-laible.de | www.weingut-laible.de

Besitzer Ingrid und Andreas Laible
Kellermeister Andreas und Andreas Chr. Laible
Verkauf Familie Laible
Öffnungszeiten Montag bis Freitag 8 bis 11.30 UHR
und 13.30 bis 18 UHR, Samstag 8 bis 11.30 UHR
und 13.30 bis 16 UHR
Anfahrt: A5 Frankfurt–Basel, Ausfahrt Offenburg,
dann Richtung Durbach

Anbaufläche 6 ha
Rebsorten 60% Riesling, 25% Burgundersorten
aufgeteilt auf Weiß-, Grau- und Spätburgunder,
15 % aufgeteilt auf Gewürztraminer, Traminer,
Scheurebe, Muskateller und Chardonnay
Böden Granit- und Gneisverwitterung
Toplagen Durbacher Plauelrain

Einen unglaublich großen Aufwand betreibt Laible mit seinen kleinen Gebinden, d. h., dass er zuerst jeden Klon separat ausbaut. Daher gibt es alleine jedes Jahr circa 30 unterschiedliche Rieslinge. Für uns Verbraucher ist es dabei faszinierend, wie unterschiedlich die Weine ausfallen!

Für Liebhaber edelsüßer Weine ist das Weingut grandios. Es gibt Jahr für Jahr himmlisch duftende Scheureben oder Traminer als Auslesequalität und die 0,75 l Flasche zu Preisen von etwa 11 bis 13 EURO! Ich kann Ihnen nur empfehlen, greifen Sie zu, diese Weine können Sie auch locker zehn Jahre reifen lassen. Das hat sich natürlich herumgesprochen, und der einzige Nachteil ist, dass A. Laible immer sehr schnell ausverkauft ist. Freuen können wir uns aber, dass Laible noch 2,5 ha zugekauft hat. Wahrscheinlich fällt uns damit aber für die Zukunft die Auswahl seiner Weine noch schwerer!

Andreas Männle

Das Weingut ist seit 1919 im Besitz der Familie Männle. Für die Zukunft ist ebenfalls gesorgt – Sohn Thomas hat im Juli 2002 seinen Abschluss als Weinbautechniker gemacht.

Stolz war die Familie Männle, als ihnen der Durbacher Bürgermeister eine Urkunde übergab, aus der hervorgeht, dass es nachweislich 400 Jahre Weinbau im „Bennengarten" (Bienengarten) gibt.

Die Weine der Familie Alfred Männle sind jedes Jahr aufs Neue sehr klar und fruchtig ausgebaut. So lautet auch das Motto: fruchtige, rassige Weißweine und kräftige, körperreiche Burgunderweine.

Viel Freude bereiten vor allem die Clevner Weine (Traminer). In Durbach ist der Traminer „Gott sei Dank" noch öfters anzutreffen, da er dort zusammen mit dem Riesling zu den Spezia-

litäten gehört. Traminer ist meist nicht ganz so bukettreich und parfümiert wie der Gewürztraminer und schmeckt wunderbar „solo getrunken" am Nachmittag (oder mit Gugelhupf), ist herrlich als Aperitif oder als Begleiter zum Käse. Da der Traminer sehr anspruchsvoll im Rebberg ist und sehr gute Lagen benötigt, wird er leider immer weniger angebaut. Sein Platz wird immer mehr von den Rotweinen eingenommen, die sich einer zunehmend großen Nachfrage erfreuen. Dabei sind die Clevner mit ihrem Schmelz doch so wunderbare Weine!

Weingut Andreas Männle

Heimbach 12 · 77770 Durbach/Ortenau
Telefon 0781|41486 · Fax 42981
alfred@weingut-maennle.de
www.weingut-maennle.de

Besitzer Alfred Männle
Kellermeister Alfred und Thomas Männle
Verkauf Inge, Alfred und Thomas Männle
Öffnungszeiten Montag bis Samstag 9 bis 12 UHR und 13.30 bis 18.30 UHR, Sonn- und Feiertags 10 bis 12 UHR
Anfahrt A5 Frankfurt–Basel, Ausfahrt Offenburg, dann Richtung Durbach

Anbaufläche 14,6 ha
Rebsorten 38 % Spätburgunder, 30 % Riesling, 5 % Grauer Burgunder, 8 % Weißer Burgunder, 2 % Chardonnay, 5 % Traminer, 2 % Gewürztraminer, 2 % Scheurebe, 8 % Müller-Thurgau
Böden Granitverwitterungs- und Buntsandsteinverwitterungsböden
Toplagen Durbacher Bienengarten (Einzel- und Monopollage)

Heinrich Männle

Auch die Familie Männle kann auf eine sehr lange Tradition zurückblicken, denn das Weingut ist bereits seit 1737 in Familien-
besitz. Bekannt ist Heinrich Männle in der Region als der Rot-
wein-Männle. Das verwundert nicht weiter, denn er produziert
Jahr für Jahr samtige Spätburgunder. Wenn Sie kräftigere Weine
bevorzugen, sollten Sie den Cabernet Sauvignon probieren, der
seit wenigen Jahren im Sortiment steht.

1993 hat Herr Männle einen beeindruckenden Burgunderkeller
gebaut, das heißt einen neu gebauten Gewölbekeller aus natur-
belassenem Granitstein. Hier werden die Spitzenrotweine in
den Barrique Eichenholzfässern ausgebaut.

Bei Voranmeldung führt Heinrich Männle in diesem Keller auch
Weinlehrproben für bis zu 50 Personen durch. Weinproben
macht er auch gerne mit den Gästen seiner drei Ferienwoh-
nungen. Für mich hat es immer einen ganz besonderen Charme,
auf einem Weingut zu übernachten.

Unter Kennern sind auch die Obstbrände der Männles sehr bekannt. Sensationell ist das Schwarzwälder Kirschwasser!

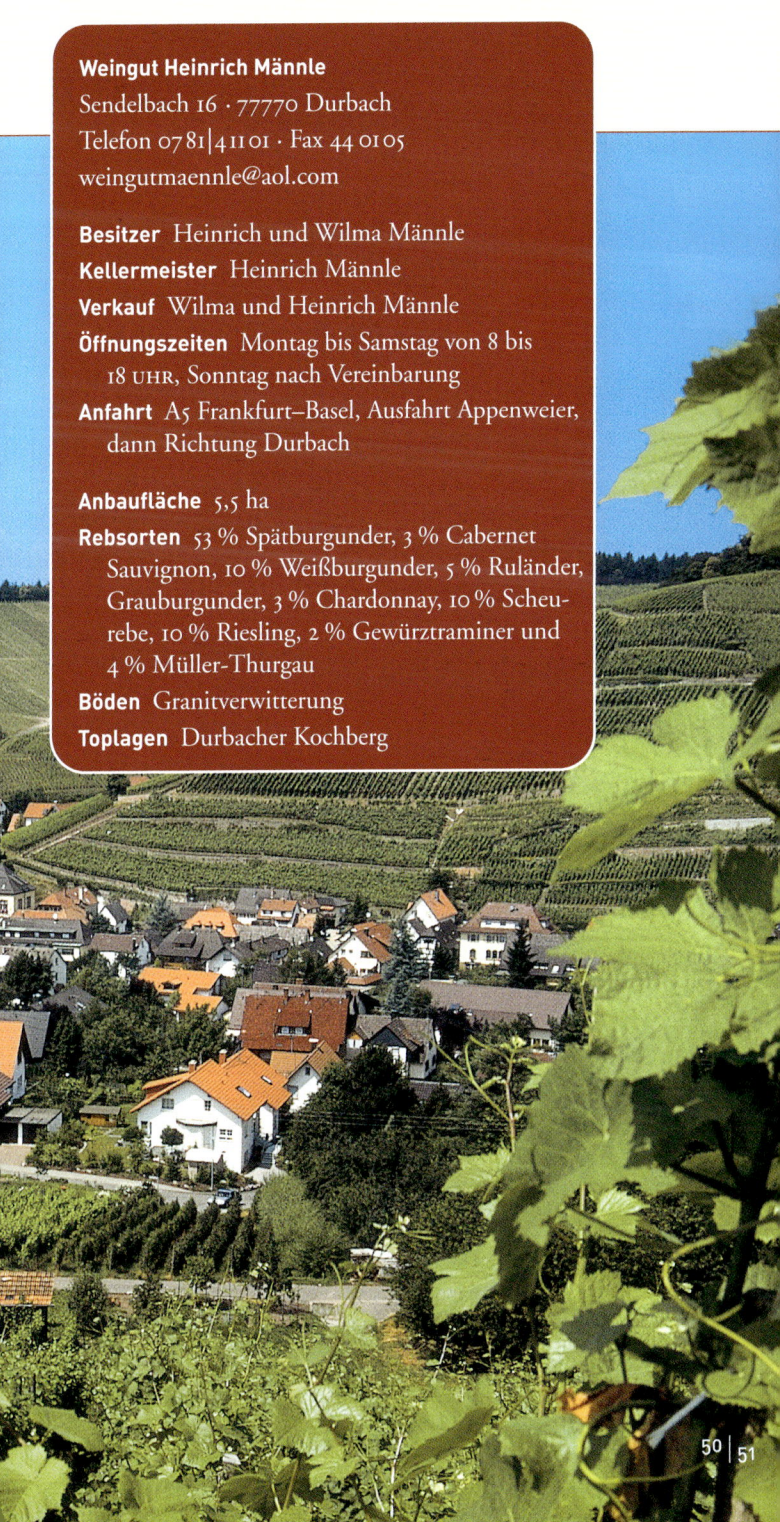

Weingut Heinrich Männle
Sendelbach 16 · 77770 Durbach
Telefon 07 81|4 11 01 · Fax 44 01 05
weingutmaennle@aol.com

Besitzer Heinrich und Wilma Männle
Kellermeister Heinrich Männle
Verkauf Wilma und Heinrich Männle
Öffnungszeiten Montag bis Samstag von 8 bis 18 UHR, Sonntag nach Vereinbarung
Anfahrt A5 Frankfurt–Basel, Ausfahrt Appenweier, dann Richtung Durbach

Anbaufläche 5,5 ha
Rebsorten 53 % Spätburgunder, 3 % Cabernet Sauvignon, 10 % Weißburgunder, 5 % Ruländer, Grauburgunder, 3 % Chardonnay, 10 % Scheurebe, 10 % Riesling, 2 % Gewürztraminer und 4 % Müller-Thurgau
Böden Granitverwitterung
Toplagen Durbacher Kochberg

Markgraf von Baden

Der Weinberg von Schloss Staufenberg gehört zu den schönsten, die ich überhaupt kenne! Wenn Sie erst einmal auf dem
Schloss oben sind, haben Sie eine grandiose Aussicht.
Das Schloss wurde bereits im 11. Jahrhundert erbaut und befindet sich seit dem 14. Jahrhundert im Besitz der Markgrafen von
Baden. In den letzten Jahren wurde sehr viel im Schloss Staufenberg gebaut. Wieder geöffnet ist eine sehr schöne Weinstube
mit einer herrlichen Freiterrasse mit Blick über die Rheinebene
und auf das Straßburger Münster. Zu einfachen, gut zubereite-
ten regionalen Gerichten gibt es die Weine vom eigenen Weingut.

Weingut Markgraf von Baden
Schloss Staufenberg · 77770 Durbach
Telefon 0781|42778 · Fax 440578
info@schloss-staufenberg.de
www.markgraf-von-baden.de

Besitzer Seine Königliche Hoheit
   Max Markgraf von Baden
Geschäftsführer Seine Königliche Hoheit
   Bernhard Prinz von Baden
Gutsleiter Achim Kirchner
Kellermeister Martin Kölple
Verkauf Maria Kempf
Öffnungszeiten Montag bis Freitag 10 bis 12 UHR
   und 13 bis 17.30 UHR, Samstag 10 bis 14 UHR,
   Sonntag 11 bis 14 UHR
Anfahrt A5 Frankfurt–Basel, Ausfahrt Appen-
   weier, dann Richtung Durbach

Anbaufläche 23 ha
Rebsorten 40 % Riesling, 35 % Spätburgunder,
   5 % Grauburgunder, 7 % Weißburgunder,
   3 % Gewürztraminer, 3 % Traminer, 3 %
   Chardonnay und 4 % Müller-Thurgau
Böden Mineralische Granitverwitterung
Toplagen Durbacher Schlossberg

Umfangreich wurde auch in den Weinkeller investiert, die Weine werden seit dem letzten Herbst wieder auf Schloss Staufenberg ausgebaut.
In der Vergangenheit waren die Weine unter dem Etikett Durbacher Schloss Staufenberg zu beziehen. Seit dem Jahrgang 2001 werden die besten Rieslinge und besten Spätburgunder mit der Bezeichnung „Schlossberg" angeboten. Große Stärken zeigt das Weingut auch im edelsüßen Bereich! Die Weine haben sehr an Qualität gewonnen.

Ausflugstipp

Geschichte erleben – das Schwarzwälder Freilichtmuseum Vogtsbauernhof

Von der Ortenau ist bekannt, dass sie am Fuß des Schwarzwaldes liegt. Einen Abstecher in den Schwarzwald zu unternehmen, ist daher lohnenswert.

Von Offenburg aus gelangen Sie über das Kinzigtal nach Gutach. Dort ist das Schwarzwälder Freilichtmuseum Vogtsbauernhof, ein Magnetpunkt für Jung und Alt.

Eine ganze Siedlung, in der Sie 400 Jahre Geschichte des Lebens im Schwarzwald nachvollziehen können, erwartet Sie dort. Die Häuser wurden in früheren Zeiten mit niedrigen Decken gebaut, beim Hineingehen fühlen Sie sich darin wirklich einige hundert Jahre zurückversetzt. Neben den Herbergen für Weber, Waldarbeiter und Tagelöhner lassen sich auch noch eine alte Weberei, eine Köhlerei und ein Museum für Uhrenherstellung besichti-

gen. Auf der Weide grasen Kühe, Schweine, Hühner, Schafe und Gänse.

Zusätzlich wird ein buntes Jahresprogramm angeboten, bei dem beispielsweise „die Fallers" zu Besuch sind. Im Sommer gibt es spezielle Kinder- und Familienfeste, „Kochen" im Falkenhof oder Platzkonzerte mit den Jagdhornbläsern.

Geöffnet sind die Vogtsbauernhöfe von 24. März bis 3. November täglich von 9 bis 18 UHR (Telefon 07831/9 35 60, www.vogts-bauernhof.org).

Zum Einkehrschwung gibt es am Eingang ein typisches Schwarzwälder Lokal. Gemütliche Stuben in verschiedenen Größen wirken anheimelnd mit ihren rot karierten Tischdecken. Ein „Muss" ist es, die Schwarzwälder Kirschtorte zu probieren, und für den richtigen Hunger kann ich Ihnen den Pot au feu vom Ochsen oder die Schlachtplatte empfehlen!

Freiherr von Neveu

Das Weingut Freiherr von Neveu finden Sie im Hespengrund, einem charmanten Seitental von Durbach. Seit 2001 wird das Weingut von der 6. Generation betrieben.

Durch den Neubau des Kelterhauses wurde der betriebliche Ablauf der Traubenverarbeitung verbessert, wodurch eine erhöhung der Qualität erzielt wurde.

Für die Zukunft möchte die Familie noch mehr Aufmerksamkeit auf die Burgundersorten legen. So wurde in diesem Jahr eine Flurbereinigung des Josephsbergs vorgenommen. Dabei sollen die Neuanpflanzungen vorwiegend auf Grauburgunder und Weißburgunder ausgelegt sein.

Aufmerksamkeit verdient auch der Sekt aus dem Weingut von Neveu. Seit 1991 ist hierfür Chardonnay im Anbau, der durch die traditionelle Flaschengärung und seine Dichte sehr an einen Champagner erinnert.

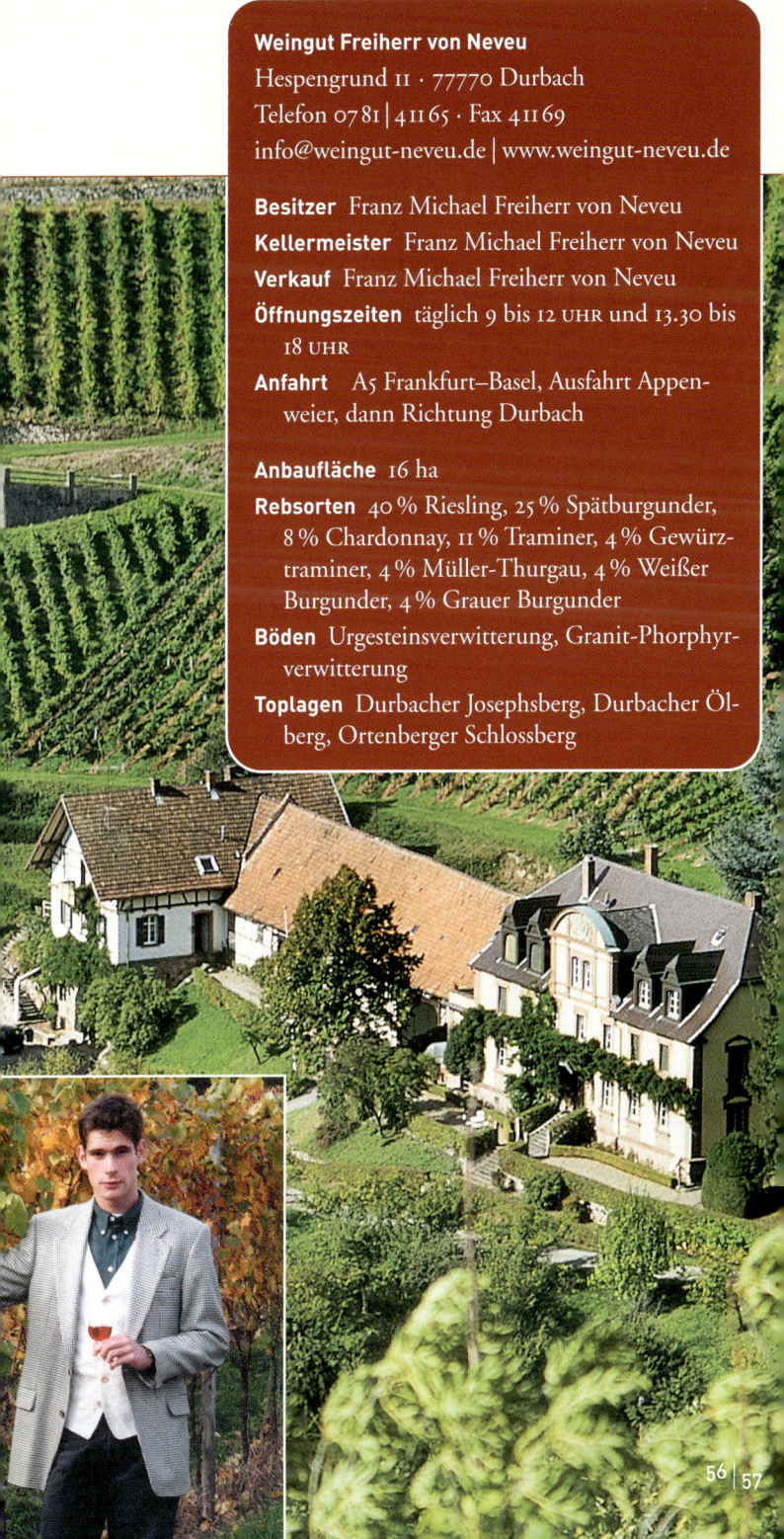

Weingut Freiherr von Neveu

Hespengrund 11 · 77770 Durbach
Telefon 0781 | 41165 · Fax 41169
info@weingut-neveu.de | www.weingut-neveu.de

Besitzer Franz Michael Freiherr von Neveu
Kellermeister Franz Michael Freiherr von Neveu
Verkauf Franz Michael Freiherr von Neveu
Öffnungszeiten täglich 9 bis 12 UHR und 13.30 bis 18 UHR
Anfahrt A5 Frankfurt–Basel, Ausfahrt Appenweier, dann Richtung Durbach

Anbaufläche 16 ha
Rebsorten 40 % Riesling, 25 % Spätburgunder, 8 % Chardonnay, 11 % Traminer, 4 % Gewürztraminer, 4 % Müller-Thurgau, 4 % Weißer Burgunder, 4 % Grauer Burgunder
Böden Urgesteinsverwitterung, Granit-Phorphyrverwitterung
Toplagen Durbacher Josephsberg, Durbacher Ölberg, Ortenberger Schlossberg

Durbacher Winzergenossenschaft eG
Nachtweide 2 · 77770 Durbach
Telefon 0781|9 36 60 · Fax 3 65 47
wg@durbacher.de | www.durbacher.comconnect.de

Geschäftsführer Konrad Geppert
Kellermeister Arndt Köbelin (1. Kellermeister)
Verkauf Konrad Geppert, Gebietsverkaufsleiter Bruno Geiler
Öffnungszeiten Montag bis Freitag 8 bis 12 UHR und 13.30 bis
18 UHR, Samstag und Sonntag 10 bis 13 UHR
Anfahrt A5 Frankfurt–Basel, Ausfahrt Appenweier, dann
Richtung Durbach

Anbaufläche 335 ha
Rebsorten 42 % Spätburgunder, 27 % Riesling, 15 % Müller-
Thurgau, 6 % Traminer und Gewürztraminer, 6 % Grau-
burgunder, 4 % ,sonstige Rebsorten wie Scheurebe, Weiß-
burgunder, Chardonnay und Muskateller
Böden Steile, felsige Granitverwitterung
Toplagen Durbacher Steinberg, Ölberg, Plauelrain und
Kochberg

Winzergenossenschaft

Unter den Genossenschaften gehören die Durbacher zu den bekanntesten in Deutschland. Schon immer galt diese WG als sehr innovativ und weitsichtig. Selbstverständlich ist es für die dortigen Winzer, dass sie ihre Rebberge umweltschonend behandeln. Darunter versteht man eine natürliche Begrünung in den Rebzeilen und biologische Schädlingsbekämpfung. Dass die Voll- und Nebenerwerbswinzer sehr zufrieden sind, zeigt die große Mitgliederzahl von 300 Betrieben. Dementsprechend musste die Genossenschaft auch immer wieder erweitert werden, und 1985 gab es einen Neubau mit umfangreichen Weinlagerhallen, attraktiven Probier- und Verkaufsräumen.

Seither stehen auch drei Saalgrößen für Weinproben und Veranstaltungen zur Verfügung. Im repräsentativen Winzersaal finden bis zu 200 Personen Platz. Der Burgundersaal hingegen bietet Raum für 80 Personen, die Klingelbergerstube ist für kleinere Gruppen bis zu 20 Personen gut geeignet.

Weite Verbreitung finden vorwiegend der Riesling, der in Durbach unter dem Synonym „Klingelberger" angeboten wird, und der Traminer. Die Rosés und Rotweine finden ebenfalls immer mehr Anhänger. 1997 erwarb die Genossenschaft die Toplage „Steinberg" hinzu, und je nach Jahrgang gefallen mir diese Weine besonders wegen ihrer Finesse und ihrer Mineralität.

Immer wieder gibt es fantastische Riesling Eisweine, einer der besten ist der 2001er!

Weingut Schwörer

Im Weingut Schwörer geht es seit 1812 rund um den Wein. Früher waren die Schwörers auch für die Anfertigung von Holzfässern bekannt.

Seit Januar 2001 haben Hermann Schwörer und Josef Rohrer (vorher als Gutsverwalter im Weingut Graf Metternich in Durbach tätig) zusammen die Führung des Weinguts übernommen. Herr Schwörer Senior trat Ende 2002 in den Ruhestand.

Mit seinen 25 ha gehört das Weingut Schwörer zu den größten

in Baden. In den letzten Jahren zog man durch Auszeichnungen wie den Vinum Rotweinpreis und Pro Riesling die Aufmerksamkeit auf sich.

Die Angebotsliste ist, so scheint es, unendlich lang. Hinzu gekommen sind seit 2001 die HS-Selektionsweine. Dahinter verbergen sich Cuvées, bei denen die Trauben aus alten Rebanlagen mit kleinen Erträgen stammen. In der HS-Linie ist der 2001er Spätburgunder mein Favorit, wobei der Chardonnay und der Riesling ebenfalls nicht viel zurückstehen.

Um ein jüngeres Zielpublikum anzusprechen, setzt man bei Schwörer große Hoffnungen in die modernen Rebsorten Cabernet Sauvignon und Chardonnay sowie in die Neuzüchtung Cabernet Mitos – welche sehr dunkelfarbige und südländische Weine ergibt.

Weingut – Weinhaus Schwörer GmbH
Grol 8 · 77770 Durbach
Telefon 0781|42362 · Fax 33408
info@weingut-schwoerer.de
www.weingut-schwoerer.de

Besitzer Geschäftsführender Gesellschafter
  Josef Rohrer
Kellermeister Bruno Serrer
Verkauf Josef Rohrer, Familie Schwörer
Öffnungszeiten Montag bis Freitag 8.30 bis 12 UHR
  und 13.30 bis 18 UHR, Samstag 8.30 bis 13 UHR,
  Sonntag 10 bis 12 UHR, im Januar und Februar
  Sonntags geschlossen
Anfahrt A5 Frankfurt–Basel, Ausfahrt Appen-
  weier, dann Richtung Durbach

Anbaufläche 25 ha
Rebsorten 33 % Spätburgunder, 29 % Riesling,
  7 % Grauer Burgunder, 2 % Cabernet Sauvi-
  gnon, 2 % Cabernet Mitos, 2,5 % Chardonnay,
  Rest sind sonstige
Böden Granitverwitterung
Toplagen Durbacher Plauelrain, Kochberg, Ölberg

Wolff Metternich

Das sehr schöne Herrenhaus Schloss Grol kann auf eine sehr lange Geschichte zurückblicken. Bereits 1180 waren Mitglieder der Straßburger Adelsfamilie Zorn von Bulach Inhaber des Lehensgutes Durbach.

Unter Kennern gefragt und bekannt ist vor allen Dingen der Sauvignon Blanc. Ernst Maximilian Zorn von Bulach besuchte zusammen mit dem Marquis de Lur-Saluces, dem Besitzer des weltberühmten Chateau Yquem (wo die teuersten Sauternes-Weine herkommen) das College. Auf Grund ihrer Freundschaft brachte der Freiherr daher die Sauvignon Blanc Rebstöcke mit nach Durbach. Bis zum heutigen Tag ist der Sauvignon Blanc dort im Anbau geblieben. In guten Jahrgängen, wenn die Weine edelsüß ausfallen, sollten Sie sich unbedingt ein paar Flaschen einlagern. Besonders geeignet sind die Weine als Begleiter zur Gänseleberterrine und zu Blauschimmelkäse.

Außerdem ist natürlich immer der Riesling zu empfehlen, der mit seiner feinen Säure immer sehr appetitanregend wirkt.

Gräflich Wolff Metternich'sches Weingut
Grol 4 · 77770 Durbach
Telefon 0781|42779 · Fax 42553
Info@weingut-metternich.de
www.weingut-metternich.de

Besitzer Rüdiger und Gertraut Hurrle

Kellermeister Franz Schwörer

Verkauf Hans-Bert Espe und Hannelore Karle

Öffnungszeiten Montag bis Freitag 8 bis 12 UHR und 13 bis 17 UHR, Samstag von 9 bis 12 UHR

Anfahrt A5 Frankfurt–Basel, Ausfahrt Appenweier, dann Richtung Durbach

Anbaufläche 34 ha

Rebsorten 29 % Spätburgunder, 23 % Riesling, 23 % Weiß- und Grauburgunder, 13 % Müller-Thurgau, 5,4 % Chardonnay, 2,8 % Scheurebe, 2,2 % Traminer, 1 % Sauvignon Blanc und etwas Merlot und Cabernet Sauvignon

Böden Granitverwitterung

Toplagen Durbacher Schloss Grol, Durbacher Schlossberg und Lahrer Herrentisch

Ausflugstipp

Zur Kirschenblüte nach Achern

Wenn im Frühjahr die Kirschen blühen, sollten Sie unbedingt einmal nach Achern fahren. An der Straße nach Kappelrodeck stehen links und rechts unglaublich viele Kirschbäume. Bei einem Spaziergang durch die Blütenpracht werden Sie regelrecht berauscht! Da die Wege geteert und sehr eben sind, eignet sich die Strecke auch prima zum Inlineskaten oder Fahrrad fahren. Wer etwas Ausdauer besitzt, kommt durch mehrere Ortschaften. Im Frühsommer können Sie dabei die verschiedensten Kirschsorten verkosten, an den entsprechenden Verkaufsständen oder beim „Mundraub".

Die Region ist auch für ihre zahlreichen Schnapsbrenner bekannt. Das hiesige Kirschwasser zu probieren ist natürlich ein Muss – dabei dürfen Sie aber auch Zibärtl- oder Zibartenwasser

nicht auslassen. Bei den Zibärtl handelt es sich um eine kleine runde Pflaumensorte, der man nachsagt, dass sich beim Essen der Pflaume der Bart zusammenzieht.

Mit dem Auto sollten Sie auch einen Abstecher nach Ulm in Bauhöfer's Braustüb'l machen. Hier finden Sie einen der schönsten Biergärten Deutschlands! In der Region sagen die Kenner, dass es hier das beste Bier im Oberrheingraben gibt – im Ausschank sind die Biere der Familienbrauerei Bauhöfer. Die Küche ist gutbürgerlich – setzt jedoch mit ihrer Qualität hohe Maßstäbe. Ich freue mich schon immer vorher auf die knusprigen „Mistkratzerl" (Stubenküken). Ebenso gut schmecken auch die badische Ochsenbrust, Fleischküchle mit Kartoffelsalat oder der Obatzte.

Freiherr von und zu

Die ersten urkundlichen Aufzeichnungen des Weinguts stammen
aus dem Jahr 1517, seine Geschichte reicht allerdings zurück bis
ins 13. Jahrhundert. Durch Heirat ist das Weingut 1710 in den
Besitz der Freiherren von und zu Franckenstein gekommen.
1978 begann der heutige Pächter Hubert Doll als Betriebsleiter
auf dem Gut. Unter seiner Leitung haben sich die Weine stetig
verbessert; seit 1992 ist Hubert Doll auch Mitglied des VDP.
Bei der Verkostung der 2001er Weine waren alle Weißweine von
wunderbarer Qualität – angefangen beim frischen kernigen Ri-
vaner über den knackigen Riesling bis hin zum charmanten
Grauburgunder. Nachdem wir die ganze Weißweinpalette unter
den besten Ortenauer Weinen eingereiht hatten, möchte ich sogar sagen: es ist der gelungenste und überzeugenste Jahrgang,
seit ich das Weingut kenne! Die Weißweine sind immer schon
sehr klar, fruchtig und strahlend – na, fast wie Bilderbuchweine.
Die roten Weine stehen vielleicht ein bissl' im Schatten der
Weißweine, sie sind ebenfalls immer sehr fruchtbetont. Der
ideale Aperitif für heiße Sommertage ist der Pinot Sekt, nach
traditionellem Verfahren hergestellt.
Wenn Sie sich am vorletzten Augustwochenende im Offenbur-
ger Raum befinden, sollten Sie das Gourmet-Weinfest bei der
Familie Doll besuchen. Spitzenköche aus der Region kochen zu
den Weinen verschiedene Gerichte. Für die richtige Stimmung
sorgt dabei eine urige Zigeunermusik.

Franckenstein

Weingut Freiherr von und zu Franckenstein
Weingartenstraße 66 · 77654 Offenburg
Telefon 0781|34973 · Fax 36046
weingut-franckenstein@t-online.de
www.germanwine.de/weingut/Franckenstein

Inhaber Hubert Doll
Kellermeister Hubert Doll
Verkauf Lioba Doll
Öffnungszeiten Montag bis Freitag 9 bis
  12 UHR und 14 bis 18 UHR, Samstag 9 bis
  13 UHR
Anfahrt A5 Frankfurt–Basel, Ausfahrt Offen-
  burg, dann Richtung Zell-Weierbach

Anbaufläche 14 ha
Rebsorten 32 % Riesling, 20 % Grauer Burgunder, 25 % Spätburgunder, 10 % Müller-Thurgau, 8 % Weißburgunder, 5 %
  übrige Sorten
Böden Granitverwitterung, Gneisverwitterung, in Hangfußlagen Lehm-Löß
Toplagen Zell-Weierbacher Neugesetz, Berghauptener Schützenberg

Schloß Ortenberg

Eigentlich könnte man sagen, dass im Jahre 1300 alles begann:
Die Stadt Offenburg hatte ein Kranken- und Armenhospital als
Stiftung ins Leben gerufen. 1500 kamen zwei Rebhöfe als Stiftung an das Sankt Andreas Hospital hinzu. 1997 schließlich fusionierten diese beiden Weingüter zusammen mit dem Wein-
bauversuchsgut des Ortenaukreises zum Weingut Schloß Ortenberg.
Mit 42 ha Rebfläche ist das Weingut heute das größte kommu-
nale Weingut Deutschlands. Bedingt durch diese Veränderung
war ein neuer Verkaufsraum und Keller nötig geworden. Sehr
schön und natürlich ist das neue Gebäude geworden.
Das gesamte Stockwerk ist mit Freiflächen voll
verglast, und als Sonnenschutz dienen Holz-
lamellen, die licht- und wärmegeschützt

sind. Oben gibt es einen Saal, der für Gesellschaften von 50 bis 60 Personen Platz bietet.

Unter der Leitung von Herrn Köninger bringt das Weingut Jahr für Jahr richtige Spitzenweine hervor. Herr Köninger sieht den Schwerpunkt bei den Rieslingen und Spätburgundern. Er hat allerdings auch viel Freude an internationalen Rebsorten wie Sauvignon Blanc, Shiraz, Merlot und Cabernet Sauvignon, und er ist überzeugt, dass es hier das optimale Klima dafür gibt.

Weingut Schloß Ortenberg

Am Sankt Andreas · 77799 Ortenberg

Telefon 0781|93430 · Fax 934320

info@weingut-schloss-ortenberg.de

www.weingut-schloss-ortenberg.de

Besitzer Zweckverband Weingut Schloß Ortenberg, Stadt Offenburg, Ortenau-Kreis

Kellermeister H. B. Rieflin

Verkauf Winfried Köninger

Öffnungszeiten Montag bis Freitag 8 bis 12 UHR und 13 bis 17 UHR, Samstag 9 bis 12.30 UHR

Anfahrt A5 Frankfurt–Basel, Ausfahrt Offenburg, dann Richtung Kinzigtal

Anbaufläche 42 ha

Rebsorten 25 % Riesling, 25 % Spätburgunder, 13,5 % Müller-Thurgau, 7 % Weißer Burgunder, 5,5 % Grauer Burgunder, 24 % sonstige wie Cabernet-Sauvignon, Sauvignon Blanc, Merlot, Chardonnay und Gewürztraminer

Böden Lößlehm und Urgesteinsverwitterung

Toplagen Ortenberger Schlossberg und Andreasberger Käfersberg

Weine für jeden Tag

2001er Rivaner QbA halbtrocken
Winzerkeller Hex vom Dasenstein
0,75 l ca. 3,50 €

– herzhaft frisch, duftet nach Johannisbeeren und Holunder

2001er Müller-Thurgau QbA
WG Durbach
1 l ca. 3,50 €

– frischer Blütenduft, knackige Säure, grüne Äpfel

Tipp

2001er Varnhalter Sonnenberg Riesling QbA trocken
WG Varnhalt
1 l ca. 3,70 €

– schlank, animierende Frische, Pfirsichfrucht

2001er Neuweier Mauerberg Riesling Kabinett,
WG Neuweier-Bühlertal
0,75 l ca. 5,30 €

– Orangenblüten, Caramel, Süße nicht aufdringlich

2001er Riesling Kabinett trocken,
Weingut Köninger
0,75 l ca. 5,10 €

– herzhafte, einfache Art

2001er Durbacher Schloß Staufenberg
Riesling QbA trocken
Weingut Markgraf von Baden
0,75 l ca. 5,50 €

– saftig und unkompliziert

2001er Weißer Burgunder Kabinett trocken
Weingut Herztal
0,75 l ca. 4,– €

– wirkt etwas konzentriert – wie bei Eiswein,
  kräuterig Liebstöckl

2001er Berghauptener Schützenberg
Weißer Burgunder Kabinett trocken
Tipp Weingut Freiherr von und zu
Franckenstein   0,75 l ca. 6,60 €
– florale Aromen, feine frische Frucht,
ein eleganter Wein

2001er Grauer Burgunder Kabinett trocken
Tipp Weingut Schloß Ortenberg
                                            0,75 l ca. 6,70 €
– reife Willamsbirnen, körperreicher Wein

2001er Oberkircher Renchtäler
Spätburgunder Rotwein QbA trocken
Weingut Bimmerle
                                            0,75 l ca. 5,60 €
– rauchige Himbeerfrucht, angenehm gerbstoffbetont

2001er Waldulmer Pfarrberg
Spätburgunder Rotwein QbA trocken
WG Waldulm
                                            0,75 l ca. 5,50 €
– schlanker Spätburgunder mit feiner Tanninstruktur

2000er Hex vom Dasenstein
Spätburgunder Rotwein QbA trocken
WG Kappelrodeck
                                            0,75 l ca. 6,50 €
– speckiger Duft, erinnert an Bitterschokolade

2001er Durbacher Bienengarten
Spätburgunder Rotwein Kabinett trocken
Weingut A. Männle
                                            0,75 l ca. 6,80 €
– saftig zu trinken, fast süffige Art

Weine für besondere Anlässe

2001er Neuweierer Schlossberg
Riesling Spätlese „alte Reben" trocken
Tipp **Weingut Schloß Neuweier**

0,75 l ca. 12,– €

– mineralische Art, im Duft erinnert er an
Orangenschalen, im Gaumen dichte Struktur,
enormer Fruchtschmelz, auch im Abgang

2001er Riesling „SL" trocken
Weingut Schloß Ortenberg

0,75 l ca. 12,50 €

– grasig-kräuteriger Duft, im Gaumen Ananas
und Passionsfrucht, stilvoller Wein

2000er Durbacher Plauelrain
Chardonnay Spätlese trocken
WG Durbach

0,75 l ca 15,– €

– schmalziger Johannisbeerduft, enorme Kraft und Opulenz,
sehr ausladend

2000er Durbacher Bienengarten
Spätburgunder Rotwein Spätlese trocken
Weingut A. Männle

0,75 l ca. 15,50 €

– ausgeprägte fruchtige Aromen, an Kirschen
erinnernd, im Gaumen präsentiert er sich
schlank und feminin

2000er Spätburgunder Rotwein „RJS"
Barrique trocken
Gut Nägelsförst

0,75 l ca. 24,50 €

– der Duft erinnert an Paprika und Holunder-
holz, ist für mich ein herbstlicher Wein mit ansprechender Gerbsäure

2000er Spätburgunder Rotwein trocken
Weingut Duijn   0,75 l ca. 23,– €

– konzentriert, animalisch, erinnert an frische
 Feigen, im Gaumen frische Himbeerfrucht

2000er Spätburgunder Rotwein „SD" trocken
Weingut Duijn   0,75 l ca. 32,– €

– mächtig, viel Kraft, duftet nach eingelegten Rosinen
 und Pflaumen, Tabak und Leder, insgesamt aber schon
 sehr rund, schmeichelhaft und charmant

1999er Durbacher Josephsberg
Spätburgunder Rotwein Auslese trocken
Weingut Freiherr von Neveu   0,5 l ca. 14,35 €

– warmer und dichter konzentrierter Spätburgunder, erinnert an eingelegte Rosinen, hohe
 Traubenreife, ein Wintertraum!

1999er Spätburgunder Rotwein „S" trocken
Weingut Kopp   0,75 l ca. 16,50 €

– sehr burgundisch, ausladender Kirschduft, erinnert an Leder,
 pflaumiger Abgang, wirkt trotz allem schlank und sehr ge-
 schliffen

1999er Durbacher Kochberg
Cabernet Sauvignon QbA trocken
Weingut H. Männle   0,75 l ca. 20,40 €

– Tabak, Minze, wunderbare Traubenreife,
 trotz seiner Kraft ist er erfrischend im Geschmack

Weine zum Essen

2001er Neuweier Mauerberg
Riesling Kabinett trocken
Weingut Schloß Neuweier

0,75 l ca. 9,– €

– eingelegte Mirabellen, Weinbergpfirsich,
  mineralisch, bleibt lang!

2001er Affentaler Riesling „SLK" trocken
WG Affental

0,75 l ca. 6,80 €

– würzig, mineralisch, erinnert an reife Ananas,
  Säure macht ihn erfrischend im Abgang

2001er Oberkircher Schlossberg
Riesling Kabinett trocken
Weingut Bimmerle

0,75 l ca. 6,– €

– schlanke mineralische Art, erinnert an
  Weinbergpfirsiche

2001er Grauer Burgunder Kabinett trocken
Tipp #### Weingut Herztal

0,75 l ca. 4,– €

– duftet nach Gewürzen und grünen Hasel-
  nüssen, insgesamt schlank mit Finesse

2001er Zell-Weiersbacher Abtsberg
Grauburgunder Spätlese trocken
Weingut Freiherr von und zu Franckenstein

0,75 l ca. 9,50 €

– duftet nach Steinobst, Zwetschgen, lebendige
  Säure macht ihn frisch

2001er Chardonnay Spätlese HS trocken
Weingut Schwörer

0,75 l ca. 8,90 €

– cremig, weich und charmant, kräftiger Körper,
  aber nicht überladen

2001er Durbacher Schlossberg
Chardonnay Spätlese trocken
Weingut Graf Wolff Metternich   0,75 l ca. 9,– €

– Buttercrème und Banane im Duft, im Gaumen
  sehr fruchtbetont

2001er Spätburgunder Rosé trocken
Weingut Kopp   0,75 l ca. 5,50 €

– sehr duftig, an Blüten erinnernd, im Gaumen
  herzhafte, herbe Art

2001er Guts-Rosé Nr. 1 trocken
Tipp Gut Nägelsförst   0,75 l ca. 7,50 €

– gelungene Cuvée aus Cabernet Sauvignon, Merlot,
  Pinot Noir, duftet intensiv nach Orangenblüten +
  Konfitüre, ist mit seinem kräftigen Körper eine sehr
  gute Alternative zu Rotwein

2000er Oberkircher Spätburgunder Rotwein
Spätlese „Alte Reben" trocken
WG Oberkirch   0,75 l ca. 11,20 €

– schlank und feminin gearbeitet, erinnert
  an frische Paprika

1999er Hex vom Dasenstein
Spätburgunder Rotwein „Select" QbA trocken
Winzerkeller Hex vom Dasenstein   0,75 l ca. 5,95 €

– Pfeffer, Leder, viel Gewürze wie Kardamon
  und Gewürznelke im Aroma, im Gaumen
  leichtere Struktur, trinkt sich leicht

Dessertweine

2001er Durbacher Bienengarten Scheurebe Spätlese
Weingut A. Männle

0,75 l ca. 7,20 €

– knackige Frucht – fast wie ein Sauvignon
  Blanc! Duftet nach roten und schwarzen
  Johannisbeeren und Himbeerbonbons, im
  Geschmack breit, intensiv und komplex

2001er Durbacher Plauelrain Scheurebe Auslese
Weingut A. Laible

0,75 l ca. 13,– €

– duftet wie frische Holunderblüten, Papaya und
  Zitrusbonbons, hinten konzentrierte Süße mit
  einer wunderbaren Säure gepaart, langanhaltend!

2001er Muskateller Spätlese
Weingut Schloß Ortenberg

0,75 l ca. 7,70 €

– duftet wie Eisbonbons von roten Johannisbeeren
  und Grapefruit, Limonenschalen, im Geschmack
  wunderbare Frucht

2001er Durbacher Plauelrain Muskateller Auslese
Tipp **Weingut A. Laible**

0,75 l ca. 16,75 €

– unglaublich klare und konzentrierte Nase,
  fast wie ein Eiswein, riecht wie frisch geriebene
  Muskatnuss, im Mund dichte Frucht

2001er Durbacher Josephsberg
Gewürztraminer Auslese
Weingut Freiherr von Neveu

0,5 l ca. 11,– €

– strahlend und klar im Aroma, an Rosenblätter,
  Orangenblüten und Muskatnuss erinnernd, im
  Gaumen leicht und erfrischend, ideal als Aperitif

2001er Durbacher Schloß Staufenberg
Clevner Auslese
Weingut Markgraf von Baden
0,5 l ca. 11,50 €

– ansprechender würziger Duft, erinnert an Sandel-
   holz, Kardamon, Piment, im Gaumen konzentrierte
   Struktur – wie ein Sauternes, langer Abgang

2001er Spätburgunder Weißherbst Auslese „SLK"
WG Affental
0,75 l ca. 12,50 €

– gelbfleischiges Aroma, duftet wie frische Pflaumen,
   angenehme frische Säure

2001er Durbacher Kochberg Scheurebe Eiswein
Weingut H. Männle
0,375 l ca. 38,50 €

– duftet enorm! erinnert an Mango, Grapefruit
   und frisch geschnittenes Gras, im Gaumen besitzt
   er eine sämige Konsistenz wie Nektar!

2001er Riesling Eiswein
WG Durbach
0,5 l ca. 40,– €

– Eisbonbons, Ananas, Mango, reife Mirabellen
– der Wein duftet einfach unglaublich! Im Mund
   perfekte Balance zwischen carameliger Süße und
   wunderbarer Säurestruktur.

Alle Preisangaben sind unverbindlich.
Die genauen Preise erfahren Sie beim Erzeuger.

Ich zeige dir ein Bild von mir.
Natalie Lumpp, Weinexpertin und Buchautorin.

Das Schöne an meinem Beruf ist, dass ich mein Privatleben nicht davon trennen muss.
Zwei Dinge sind immer mit dabei: Badischer Wein und das Sonnenmännchen –
das Zeichen der badischen Winzergenossenschaften.

Unser Sonnenmännchen.
Bei allen echten Genießern zu Hause.

BADISCHER WE
von der Sonne verwö

Baden-Württemberg ist so schön, dass Sie es auch mal doppelt sehen können.

Da der Bodensee, dort die Schwäbische Alb und hier der Schwarzwald. Obendrauf das schönste Wetter, die meisten Sterne-Restaurants und dazu der passende Wein. Kein Wunder, dass unsere Gäste von Baden-Württemberg kaum genug bekommen. Genauso wie wir. Alles Weitere dazu unter www.baden-wuerttemberg.de oder unter Tel. 0800/77 77 88 9.

Baden-Württemberg

Wir können alles. Außer Hochdeutsch.

Silence,
please!

Das stille Wasser von Apollinaris.

Apollinaris Silence, das
Premium-Mineralwasser
ohne Kohlensäure ist
die optimale Ergänzung
zu Apollinaris Selection,
dem feinperligen
Apollinaris-Genuss.